U0153843

中山人文學報論文格式小冊

SYSJH STYLE GUIDE

OFF*Line* 1

張錦忠（編撰）
中山人文學報論文格式小冊
(*SYSJH Style Guide*)

中山人文學報
論文格式小冊
SYSJH STYLE GUIDE

張錦忠・編撰

國立中山大學人文研究中心
Center for the Humanities, NSYSU
2018

中山人文學報論文格式小冊
SYSJH Style Guide

張錦忠（編撰）
Edited by Tee Kim Tong

2018 年 9 月初版一刷
國立中山大學人文研究中心
臺灣・高雄市鼓山區蓮海路 70 號
886-7-5252000#3241
https://www.facebook.com/Humanities7005/

First published September 2018 by
Center for the Humanities, NSYSU
70 Lien-hai Road, Gushan Dist.
Kaohsiung 80424
TAIWAN

平裝　開本：114 x 177　1/32
字數：12380　印張：2　印數：1-300 冊

本書在臺灣印刷
Printed and bound in Taiwan
新王牌彩色印刷公司承印
臺灣・高雄市 807 三民區安東街 163 號
886-7-3112250

ISBN: 978-986-05-6508-9
圖書在版資料(CIP)見書末

I think our present mania for publication is a great insult to the dignity of thought, the dignity upon which the authority society might bestow on us is based.

——Lindsay Waters

目　次

前 言

人文社會科學各學門中文論文的注釋、參考與徵引標示方式繁多，可謂眾式紛紜，各行其是。《中山人文學報》是綜合性學術刊物，刊載文章來自不同的人文領域，作者所採用的體例也不盡相同。一本學術刊物如果「一刊多體」，讀者難免眼花繚亂，因此許多年前編者即擬訂論文撰述格式作為本刊體式(house style)。學報的撰稿格式多年來也是國立中山大學人文研究中心與外文系離散／現代性研究室出版叢書所採用的體例。

美國現代語文學會(Modern Language Association)出版的《現語會論文撰寫手冊》(*MLA Handbook for Writers of Research Papers*)向為國內外學者與研究生撰寫英文報告或論文的規範依據，歷史悠久，頗為通行。該會在二〇一六年因應新媒體與數位傳媒的發展而推出第八版，改變幅度相當大。本刊編者也藉機修訂我們的撰稿體例，以符合潮流趨勢，當然，主要參考的還是第七版和第八版的現語會手冊。此外，編者也參照了 APA、芝加哥大學出版社的 CMS 等學術論文撰寫格式，取長補短，編成這本小冊子。

這本論文格式小冊（簡稱 SSG）適合人文社會科學諸學門的中文稿件作者參考；一般西文稿件作者多半依據 MLA、CMS 或 APA 的格式規範撰稿。

壹／要點柒條

　　撰寫學術論文難免涉及文獻評述、引用、參考同行的文章、看法或研究成果，呈現方式也有一些行規。這裏編者歸納出下列七條基本原則供撰稿人參考：

第一條：書籍、學術期刊、雜誌、報紙、影片、繪畫之標題——中文以雙尖角號《　》標識，西文則用*斜體字*(italics)。例如：王德威著《後遺民寫作》、《清華學報》、《明報月刊》、《自立晚報》、臺灣電影《大佛普拉斯》、雷諾瓦的《戴蕾絲帽的女孩》、*Frankenweenie*、*Sinophone Studies: A Critical Reader*、*American Journal of Philology*。報紙副刊宜以嵌入報紙名稱方式標示，如《南洋商報‧南洋文藝》。

第二條：單篇文章或短篇文本之標題——中文篇名採用單尖角號〈　〉，西文篇名則用引號 "　"。例如：瘂弦的詩〈苦苓林的一夜〉、張愛玲的〈金鎖記〉、傅柯(Michel Foucault)的〈論其他空間：異托邦〉("Des espace autres. Hétérotopies")、Nikolai Vasilievich Gogol's "The Overcoat"、Fredric Jameson's "Third World Literature in the Era of Multinational Capitalism"。（順帶一提，中式引號「　」橫排直排皆宜，中文根本沒有必要使用一般西文的 "　"）。

第三條：**中文文章正文內之專有名詞**——凡首次出現之外文人名、書名或篇名，宜在譯名之後以括號附加原文。例如：斯拉沃熱・齊澤克 (Slavoj Žižek)、阿蘭・霍布-葛力葉(Alain Robbe-Grillet)的《快照集》(*Instantanés*)、山田三雅的詩作〈雙重罪名〉("Guilty on Both Counts")；家喻戶曉的外國人名如「莎士比亞」、「南非總統曼德拉」或名詞如「後殖民論述」則不需附加原文。此外，西文人名如有以首字母(initial)標示者，兩個首字母之間的縮略點(.)後不留空格，例如 D.H. 羅倫斯(D.H. Lawrence)。

第四條：**中文文章正文內之數字**——敘述性質的行文之數字或年份一律採用國字，惟標示引文出處與徵引書目等資料（年份及頁數），則使用阿拉伯數字，以利辨識。例如邱貴芬的論文〈怎樣離散？如何馬華？〉中下列句子：

> 根據單德興的說法，世界華文文學首次提出，是在一九九二年召開於中國的會議裏頭。在該次會議，「臺港文學」、「海外中文文學」等詞紛紛湧現，用來稱呼在中國以外地方仍舊使用中文寫作的作家。世界華文文學於一九九

二年提出後，迅速在文學研究領域廣
泛應用。（單德興 **2005:10**）

第五條：內文(in-text)標示引述方式——在引文後括
號內標示作者外文姓氏或中文姓名與引文
頁碼，例如：(Sebald 13)、（單德興 10）；
引述同一作者多筆資料，需加列年份，以示
區別，例如：（單德興 2005:10）；引述同
一作者同年度多筆資料，則在年份後加列 a,
b, c，例如：(Hirsch 2002a:71)。如果年份 a,
年份 b 等表示同一本文集中的兩個篇章，如
引余光中詩集《五陵少年》(1981)中的兩首
詩（例如〈九月以後〉與〈馬金利堡〉），
則需在兩首詩首次出現時分別標明年份 a,
年份 b（〈九月以後〉[1981a]與〈馬金利堡〉
[1981b]），但內文獨立引述詩行出處時還是
標示詩集年份為宜（例如：「在基隆 ／ 看
純乳色的大郵輪曳著嫋嫋 ／ 把誰的憂煩載
去美國」[1981:22]），這樣才能在該頁碼找
到引述詩行。

第六條：注釋方式——本刊論文注釋採同頁注
(footnote)，且注釋功能僅在於增補說明，而
非標示徵引或參考書目資料。誠如上一條要
點所述，參考或徵引文獻出處皆於內文以括

號書明作者姓氏與引文頁碼，完整書目則臚列於正文之後的「徵引文獻」表單。此外，由於論文採「內文標引」方式，引述同一資料在內文標示引文作者姓氏與頁碼即可，不需在腳注標示「前揭書」(ibid., op. cit.)或「同注 X」之類的說明。如果引述資料遍佈全書則在作者姓氏後附年份即可，不用 passim。如果注釋非提供書目資料不可，則可以下列方式呈現：李有成(2005)，頁 10、Lotman (2002a), pp. 71-75、錢鍾書(1986: 305-307)、Goldblatt (2014)。數字前無 pp. 或「頁」者為年份。由於注釋以句為單位，表頁碼處宜在頁碼前以 pp. 或「頁」標示。

第七條：書目格式——「徵引文獻」(Works Cited)表單之條目以「作者-年份」(author-date)方式呈現。中英文文獻條目皆依作者姓氏拼音順序臚列，無需分列。網路資料需加列網址(URL)或識別碼(DOI)，但無需注明下載日期。網路資料也無需注明「網文」或 Web。英文書目中之大學出版社不採 UP 縮寫。書目範例說明見下一章。

貳／說說格式

　　就一則徵引書目的條目(entry)而言，主要或基本資料為篇什、文本或文獻的「作者、作品」（就是「引用了誰的甚麼作品」），其他的「發表或出版資訊、出處」等則是基本資料的「載體」(container)。如果引述文本收入資料庫，資料庫則為載體二，也有其自身的資訊。「載體」是第八版 MLA 其中一個主打的概念。

　　過去的 MLA 撰稿格式區分文本資料在「注釋」(notes)與「書目」(bibliography)的呈現方式。注釋文以「句」為單位，若提到非內文引述的文章或書籍，則是「一逗到底」，文章或書籍的出版資訊以括號標示，仍含在句內。例如：

> 1. 這篇後殖民論述的文章批判了侯米・峇峇論現代性與時間的看法，詳 Homi K. Bhabha, "DissemiNation: Time, Narration, and the Margins of the Modern Nation," Homi K. Bhabha, ed., *Nation and Narration* (New York: Routledge, 1990) 295。

這則書目在第七版 MLA 的「徵引文獻」表呈現的方式如下：

> Bhabha, Homi K. "DissemiNation: Time, Narration, and the Margins of the Modern Nation." Homi K. Bhabha, ed.

> *Nation and Narration*. New York: Routledge, 1990. 291-322. Print.

分為作者、篇名、編者、書名、出版資料（含出版地、出版社、出版年份）、文章頁碼、出版媒介，共七個單位。每一單位以句點區隔。通常一則書籍條目至少含作者、書名、出版資料（含出版地、出版社、出版年份）三個單位。

　　新版的 MLA 手冊簡化了紙本作品的出版資料（整合為一載體），省略了書籍的出版地。例如，侯米・峇峇的這則條目在「徵引文獻」表的呈現方式為：

Bhabha, Homi K. "DissemiNation: Time, Narration, and the Margins of the Modern Nation." *Nation and Narration*, edited by Homi K. Bhabha, Routledge, 1990, pp. 291-322.

作者與篇名為主要資料（這裏以**粗體字**著重）。書名至頁碼則為一載體，承載或收納了此條目主要資料的出版資訊。

　　一般人文類論文引述的資料不外紙本書刊、論文、會議論文、電子期刊、電子書、資料庫、網路文章、網路社群帖文、影片、畫作、樂曲、歌曲、展覽等等。這裏僅列舉數種，以說明本刊採用格式。過去本刊所採用的體例可說是 MLA、CMS 與 APA 等規範的綜合體或折衷體。對編者而言，比較理想的書目格式或

許是 *Poetics Today* 所採用的作者-年份格式：

Zhirmunskij, Viktor M., ed.
    1978   *Istorija legendy o Fauste: Legenda o doctore Fauste* (Moscow: Nauka).

這個格式的優點是年份排列非常清楚。不過排版要略下功夫，而且頗佔空間，故並未廣為採用。

這本小冊所建議採用的格式基本上為「**作者－年份**」式，但採納 MLA 的「**主要資料+載體**」原則，以減少句點與單位。出版地、出版社及網址等出版或發表資料則納入括號之內（採括號以免太多逗號或句號）。

這樣一來，內文注釋如有書目資料，就會比較接近徵引文獻表單的書目格式，不再完全「一目兩式」（用兩套格式標示書目）。不同的是**年份的位置**，注釋文的完整書目資料的年份多置於括號內的出版社之後。此外，注釋文**以句為單位**，故書目原為句點處多代之以逗號，而且頁碼前宜加上「頁」或 pp. 字樣（視外文或中文文獻而定），以利誦讀。

這裏僅列四大類資料，以供參考，其他未見此小冊者宜參照新版 MLA 手冊的格式，再依本書原則微調即可。

1.0 紙本書籍

1.1 個人著作、文集──書名後方括弧內年份為初版、原版、
原始發表或完稿日期；英文書如有卷或冊數在書名後加逗
號，中文書則直書第幾卷或冊：

陳原(2001)。《總編輯斷想》[1993]（瀋陽市：
遼寧教育出版社）。

Clifford, James (1997). *Routes: Travel and
Translation in the Late Twentieth
Century* (Cambridge, Mass.: Harvard
University Press).

Cohen, Leonard (1978). *Selected Poems
1956-1968* (Harmondsworth: Penguin
Books).

李永平 (2018)。《新俠女圖》（臺北：麥田
出版）。

Peirce, Charles S. (1992). *The Essential
Peirce,* vol. 1. Ed. Nathan Houser &
Christian Kloesel (Bloomington: Indiana
University Press).

葉維廉(2002)。《葉維廉文集》，第三卷（安
徽：安徽教育出版社）。

余光中(2000)。《逍遙遊》。重排版（臺北：
九歌出版社）。

1.2 譯著——外文作者中文譯名可能不一，故其外文姓氏先行，以利排序。以譯者姓氏排序時，作者姓名則列於書名之後：

Fu Poshek [傅葆石] (2012)。《灰色上海，1937-1945：中國文人的隱退、反抗與合作》(*Passivity, Resistance, and Collaboration: Intellectual Choices in Occupied Shanghai, 1937-1945*) [1993]。張霖（譯）（北京：三聯書店）。

Volodine, Antoine [安東尼‧佛樓定] (2012)。《作家們》(*Ecrivains*)[2010]。卓立（譯）（臺北：麥田出版）。

王太慶（譯）(2007)。《笛卡兒談談方法》(*Discours de la méthod*)[1637]。笛卡兒 (René Descartes)（著）（臺北：大塊文化出版公司）。

1.3 編輯專書、選集或論文集：

陳國球、王德威（編）(2014)。《抒情之現代性》（北京：三聯書店）。

Prazniak, Roxann & Arif Dirlik (eds.) (2001). *Places and Politics in an Age of Globalization* (Lanham, Md.: Rowman and Littlefield).

1.3.1 編輯中文專書或論文集→以拼音呈現——拼音書名後的方括號非該書正式英譯，僅譯其義以利英文讀者，故採方括號而非括號（若係正式外文書名則以括號、斜體標示）：

Zhang Xianwen & Mu Weiming (eds.) (1993). *Jiangsu Minguo shiqi chubanshi* [The pub- lishing history of Jiangsu Province in the Republican period] (Nanjing: Jiangsu People's Publishing House).

1.4 非作者自編專書──編者名字置於書名之後：

Derrida, Jacques (2010). *Copy, Archive, Signature: A Conversation on Photo-graphy* ("Die Fotografie als Kopie, Archiv und Signatur: Im Gespräch mit Hubertus von Amelunxen und Michael Wetzel") [2000]. Ed. Gerhard Richter; trans. Jeff Fort (Stanford: Stanford University Press).

1.5 繪本──中英文原著作者名字後的標點略異（因為英文書作者以 by 表示）：

馬尼尼為（繪）（2017）。《絨毛兔》(*The Velveteen Rabbit*)。瑪潔莉·威廉斯 (Margery Williams)（著）；謝靜雯（譯）（臺北：南方家園）。

Sendak, Maurice (illus.) (1963). *Nikolenka's Childhood*, by Leo Tolstoy (New York: Pantheon).

1.6 **學位論文**——未出版，故採同篇名號的" "，中文用《 》，
　　但在論文前加「未出版」字樣：

Ben-Shahar, Rina (1983). "Dialogue Style in
　　the Hebrew Play, Both Original and
　　Translated from English and French,
　　1948-1975." Ph.D diss., Department of
　　Poetics and Comparative Literature, Tel
　　Aviv University.

簡義明(2007)。《書寫郭松棻：一個沒有位
　　置與定義的寫作者》。未出版博士論文，
　　國立清華大學中國文學系。

2.0 紙本篇章

2.1 **期刊論文**——期刊卷數與期數以一小點號區分。凡有小點號的數字即表若干卷若干期，故無需另書明「第 X 卷第 X 期」或 "vol. X, no. X" 字樣。若期刊僅有卷數或期數（未分卷期），則宜以"vol. X" 或"no. X" 表示該數字為卷數或期數。若有期刊頁數係以卷為單位，並從某卷第一期起連續計算頁數者亦卷期俱列，以利檢索（例如下列的 *Theory, Culture & Society* 4.4: 651-658）。英文期刊僅有期數者刊名後宜加逗點。期刊若有總期數（如《中外文學》）則以方括號標示於月份後：

Ang, Ien (1987). "Popular Fiction and Feminist Cultural Politics." *Theory, Culture & Society* 4.4: 651-658.

邱貴芬 (2006)。〈與黃錦樹談文學史書寫與暴力問題〉。《文化研究》no.2(Mar.): 280-291。

Shih Shu-mei (2000). "Globalisation and Minoritisation: Ang Lee and the Politics of Flexibility." *New Formations,* no.40: 86- 101.

Shih Shu-mei (2004). "Global Literature and the Technologies of Recognition." *PMLA* 119.1 (Jan.): 16-30.

王德威 (2015)。〈華語語系，臺灣觀點〉。《中外文學》44.1 (Mar.)[448]: 131-134。

2.1 期刊譯文：

Rorty, Richard [羅逖](1993)。〈托洛斯基與蘭
　　花：我的自述〉("Trotsky and the Wild
　　Orchids") [1993]。單德興（譯），《中外
　　文學》22.7 (Dec.)[259]: 12-28。

2.2 報章雜誌文章：

Begley, Sarah (2017). "Salman Rushdie Plays
　　the Trump Card." *Time*, 25 Sept.: 43-45.
何福仁 (1977)。〈香港現階段現代詩概況〉
　　[1976]《蕉風月刊》no. 293 (July): 21-26。

2.3 專書、論文集、選集所收輯文章——出版資料後的
　　數字通常都是頁碼（年份已置作者或編者之後），故無需
　　另加 "pp." 或「頁」，若數字屬其他數據，例如段落，則
　　另加 "para." 或「第 X 段」。此類編輯文集在編者（編）
　　或(ed.)後宜加冒號：

Bhabha, Homi K. (1990). "DissemiNation:
　　Time, Narration, and the Margins of the
　　Modern Nation." Homi K. Bhabha (ed.):
　　Nation and Narration (New York:
　　Routledge), 291-322.
陳鵬翔 (1992)。〈校園文學、小刊物、文壇：
　　以《星座》和《大地》為例〉。陳鵬翔
　　與張靜二（編）：《從影響研究到中國文
　　學：施友忠教授九十壽慶論文集》（臺
　　北：書林出版公司），65-82。

Lupke, Christopher (2001). "Wang Wenxing and the 'Loss' of China." Rey Chow (ed.): *Modern Chinese Literary and Cultural Studies in the Age of Theory: Reimagining a Field* (Durham, N.C.: Duke University Press), 127-158.

吳盛青 (2012)。〈風雅難追攀：民初士人禊集與詩社研究〉。吳盛青、高嘉謙(編)：《抒情傳統與維新時代》(上海：上海文藝出版社)，24-74。

2.3.1 專書、論文集、選集文章→引述同一本書兩篇或超過兩篇文章——在篇名後列編者或作者姓氏、年份、頁碼即可，例如：Prazniak & Dirlik (eds.) 2001: 15-52；中文編者或作者則全名標示，例如：郭松棻 1993: 79-114：

Dirlik, Arif (2001). "Place-Based Imagination: Globalism and the Politics of Place." Prazniak & Dirlik (eds.) 2001: 15-52.

Dirlik, Arif (2001a). "Asians on the Rim: Transnational Capital and Local Community in the Making of Contemporary Asian America." Prazniak & Dirlik (eds.) 2001: 73-99.

Prazniak, Roxann & Arif Dirlik (eds.) (2001). *Places and Politics in an Age of Globalization* (Lanham, Md.: Rowman and Littlefield).

2.4 研討會論文：

Even-Zohar, Itamar (1984). "The Role of Russian and Yiddish in the Making of Modern Hebrew." The International Symposium on Diachronic and Synchronic Aspects of the Contacts between Slavic and Jewish Languages, 1-6 April, The Hebrew University of Jerusalem, Jerusalem.

3.0 影片文本

3.1 **劇情電影**──如以影片排序，影片後年份為原始出品年。
影片資料宜列出品國家，若有錄影帶或 DVD 發行年份則置
於發行資料括弧內：

> *Bride of Frankenstein* (1935). Dir. James
> Whale; Perf. Boris Karloff, Elsa
> Lanchester & Colin Clive. *Frankenstein:*
> *The Legacy Collection* (USA: Universal
> Pictures Home Entertainment, 2004).

> Cronenberg, David (dir.) (1996). *Crash.* Perf.
> James Spader, Deborah Kara Unger,
> Elias Koteas, Holly Hunter & Rosanna
> Arquette (USA: Fine Line Features).

3.2 **紀錄片**：

> 齊柏林（導）(2013)。《看見臺灣》（臺灣：
> 臺灣阿布電影公司）。

3.3 YouTube:

Frankenstein (1910). Dir. J. Searle Dawley; Perf.
Charles Stanton Ogle (USA: Edison). *YouTube.*

4.0 電子／網路文本

4.1 電子刊物——網路資料需列網址(URL)或識別碼(DOI)：

Bellamy, Jason & Ed Howard (2010). "The Conversations: *Crash.*" *Slant*, 7 Jan. (www.slantmagazine.com/house/article/theconversations-crash).

Harpold, Terry (1997). "Dry Leatherette: Cronenberg's *Crash.*" *Postmodern Culture* 7.3: n.pag. (https://pmc.iath.virginia.edu).

McKie, Scott (2010). "Tribe Opposes Substation at Kituwah Site." *Cherokee One Feather*, 8 Feb. (Tribal Council House).

4.1.1 電子刊物➜評論文章：

Dougherty, Robin (1997). "Rev. of *Crash*, dir. David Cronenberg." *Salon*, 21 Apr., Salon Media Group (www.salon.com/march97/crash970321.html).

4.2 電子書(e-Book)——紙本原著出版資料置於書名之後：

Pyne, Stephen (2014). *World Fire: The Culture of Fire on Earth* [Seattle: University of Washington Press, 1997]. *Project MUSE* (https://muse.jhu.edu/book/33220).

4.3 資料庫：

Zumhagen-Yekplé, Karen (2012). "The Everyday's Fabulous Beyond: Nonsense, Parable, and the Ethics of the Literary in Kafka and Wittgenstein." *Comparative Literature* 64.4 (Fall): 429-445. *JSTOR* (www.jstor.org/stable/41819561).

4.4 電子字典條目：

"Carp, N1" (2000). *The Oxford English Dictionary Online*. Oxford University Press (https://en.oxforddictionaries.com/ definition/carp).

4.5 報紙文章網路版：

Goldblatt, Howard [葛浩文](2014)。〈中國文學如何走出去？〉。林麗君（譯），《文學報》，3 July (http://wxb.wenxuebao. com)。

4.6 電子郵件：

黃錦樹 (2013)。〈Fw:Re: 自選集〉。收件人：張錦忠，20 March。

參／書目範例

徵引文獻

Ang, Ien (1987). "Popular Fiction and Feminist Cultural Politics." *Theory, Culture & Society* 4.4: 651-658.

Begley, Sarah (2017). "Salman Rushdie Plays the Trump Card." *Time*, 25 Sept.: 43-45.

Bellamy, Jason & Ed Howard (2010). "The Conversations: *Crash*." *Slant*, 7 Jan. (www.slantmagazine.com/house/article/the-conversations-crash).

Ben-Shahar, Rina (1983). "Dialogue Style in the Hebrew Play, Both Original and Translated from English and French, 1948-1975." Ph.D diss., Department of Poetics and Comparative Literature, Tel Aviv University.

Bhabha, Homi K. (1990). "DissemiNation: Time, Narration, and the Margins of the Modern Nation." Homi K. Bhabha (ed.): *Nation and Narration* (New York: Routledge), 291-322.

Bride of Frankenstein (1935). Dir. James Whale; Perf. Boris Karloff, Elsa Lanchester & Colin Clive. *Frankenstein: The Legacy Collection* (USA: Universal Pictures Home Entertainment, 2004).

"Carp, N1" (2000). *The Oxford English Dictionary Online.* Oxford University Press (https://en.oxford-dictionaries.com/definition/carp).

陳國球、王德威（編）(2014)。《抒情之現代性》（北京：三聯書店）。

陳鵬翔 (1992)。〈校園文學、小刊物、文壇：以《星座》和《大地》為例〉。陳鵬翔與張靜二（編）：《從影響研究到中國文學：施友忠教授九十壽慶論文集》（臺北：書林出版公司），65-82。

陳原(2001)。《總編輯斷想》[1993]（瀋陽市：遼寧教育出版社）。

Clifford, James (1997). *Routes: Travel and Translation in the Late Twentieth Century* (Cambridge, Mass.: Harvard University Press).

Cohen, Leonard (1978). *Selected Poems 1956-1968* (Har- mondsworth: Penguin Books).

Cronenberg, David (dir.) (1996). *Crash*. Perf. James Spader, Deborah Kara Unger, Elias Koteas, Holly Hunter & Rosanna Arquette (USA: Fine Line Features).

Derrida, Jacques (2010). *Copy, Archive, Signature: A Conversation on Photography* ("Die Fotografie als Kopie, Archiv und Signatur: Im Gespräch mit Hubertus von Amelunxen und Michael Wetzel") [2000]. Ed. Gerhard Richter; trans. Jeff Fort (Stanford: Stanford University Press).

Dirlik, Arif (2001). "Place-Based Imagination: Globalism and the Politics of Place." Prazniak & Dirlik (eds.) 2001: 15-52.

Dirlik, Arif (2001a). "Asians on the Rim: Transnational Capital and Local Community in the Making of Contemporary Asian America." Prazniak & Dirlik (eds.) 2001: 73-99.

Dougherty, Robin (1997). "Rev. of *Crash*, dir. David Cronenberg." *Salon*, 21 Apr., Salon Media Group (www.salon.com/march97/crash9703 21.html).

Even-Zohar, Itamar (1984) "The Role of Russian and Yiddish in the Making of Modern Hebrew." The International Symposium on Diachronic and Synchronic Aspects of the Contacts between Slavic and Jewish Languages, 1-6 April, The Hebrew University of Jerusalem, Jerusalem.

Frankenstein (1910). Dir. J. Searle Dawley; Perf. Charles Stanton Ogle (USA: Edison). *YouTube.*

Fu Poshek [傅葆石] (2012)。《灰色上海，1937-1945：中國文人的隱退、反抗與合作》(*Passivity, Resistance, and Collaboration: Intellectual Choices in Occupied Shanghai, 1937-1945*) [1993]。張霖（譯）（北京：三聯書店）。

Goldblatt, Howard [葛浩文](2014)。〈中國文學如何走出去？〉。林麗君（譯），《文學報》，3 July (http://wxb.wenxuebao.com)。

Harpold, Terry (1997). "Dry Leatherette: Cronenberg's *Crash*." *Postmodern Culture* 7.3: n.pag. (https://pmc.iath.virginia.edu).

28

何福仁 (1977)。〈香港現階段現代詩概況〉[1976]。《蕉風月刊》no. 293 (July): 21-26。

黃錦樹 (2013)。〈Fw:Re: 自選集〉。收件人：張錦忠，20 March。

簡義明(2007)。《書寫郭松棻：一個沒有位置與定義的寫作者》。未出版博士論文，國立清華大學中國文學系。

李永平 (2018)。《新俠女圖》（臺北：麥田出版）。

Lupke, Christopher (2001). "Wang Wenxing and the 'Loss' of China." Rey Chow (ed.): *Modern Chinese Literary and Cultural Studies in the Age of Theory: Reimagining a Field* (Durham, N.C.: Duke University Press), 127-158.

馬尼尼為 （繪）（2017）。 《絨毛兔》(*The Velveteen Rabbit*)。瑪潔莉・威廉斯(Margery Williams)（著）；謝靜雯（譯）（臺北：南方家園）。

McKie, Scott (2010). "Tribe Opposes Substation at Kituwah Site." *Cherokee One Feather*, 8 Feb. (Tribal Council House).

Peirce, Charles S. (1992). *The Essential Peirce,* vol. 1. Ed. Nathan Houser & Christian Kloesel (Bloomington: Indiana University Press).

Prazniak, Roxann & Arif Dirlik (eds.) (2001). *Places and Politics in an Age of Globalization* (Lanham, Md.: Rowman and Littlefield).

Pyne, Stephen (2014). *World Fire: The Culture of Fire on Earth* [Seattle: University of Washington Press,

1997]. *Project MUSE* (https://muse.jhu.edu/book/33220).

齊柏林（導）(2013)。《看見臺灣》（臺灣：臺灣阿布電影公司）。

邱貴芬 (2006)。〈與黃錦樹談文學史書寫與暴力問題〉。《文化研究》no.2 (Mar.): 280-291。

Rorty, Richard [羅逖](1993)。〈托洛斯基與蘭花：我的自述〉("Trotsky and the Wild Orchids") [1993]。單德興（譯），《中外文學》22.7 (Dec.)[259]: 12-28。

Sendak, Maurice (illus.) (1963). *Nikolenka's Childhood,* by Leo Tolstoy (New York: Pantheon).

Shih Shu-mei (2000). "Globalisation and Minoritisation: Ang Lee and the Politics of Flexibility." *New Formations,* no.40: 86-101.

Shih Shu-mei (2004). "Global Literature and the Technologies of Recognition." *PMLA* 119.1 (Jan.): 16-30.

Volodine, Antoine [安東尼・佛樓定] (2012)。《作家們》(*Ecrivains*)[2010]。卓立（譯）（臺北：麥田出版）。

王太慶（譯）(2007)。《笛卡兒談談方法》(*Discours de la méthod*)[1637]。笛卡兒(René Descartes)（著）（臺北：大塊文化出版公司）

王德威 (2015)。〈華語語系，臺灣觀點〉。《中外文學》44.1(3)[448]: 131-134。

吳盛青 (2012)。〈風雅難追攀：民初士人襖集與詩社研究〉。吳盛青、高嘉謙（編）：《抒情傳統與維新時代》（上海：上海文藝出版社），24-74。

葉維廉(2002)。《葉維廉文集》，第三卷（安徽：安徽教育出版社）。

余光中(2000)。《逍遙遊》。重排版（臺北：九歌出版社）。

Zhang Xianwen & Mu Weiming (eds.) (1993). *Jiangsu Minguo shiqi chubanshi* [The publishing history of Jiangsu Province in the Republican period] (Nanjing: Jiangsu People's Publishing House).

Zumhagen-Yekplé, Karen (2012). "The Everyday's Fabulous Beyond: Nonsense, Parable, and the Ethics of the Literary in Kafka and Wittgenstein." *Comparative Literature* 64.4(Fall): 429-445. *JSTOR* (www.jstor.org/ stable/41819561).

肆／參考書目

DSC-UFC Writing Center (2016) *MLA 8th Edition: Introduction and Overview*. Daytona State College, DSC-UCF Writing Center (Daytona state.edu/cwc/files/Codex-MLA8.pdf).

The Economist (2018). *The Economist Style Guide*. 12th ed. (London: Profie Books).

MLA (2009). *The MLA Handbook*. 7th ed. (New York: The Modern Language Association of America).

MLA (2016). *The MLA Handbook*. 8th ed. (New York: The Modern Language Association of America).

University of Chicago (2006). *The Chicago Manual of Style Online.* University of Chicago Press (www.chicagomanualofstyle. org/home.html).

Waters, Lindsay (2004). "Scholarship and Silence." *Journal of Scholarly Publishing* 36.1: 15-22 (http://muse.jhu.edu/article/173994).

Waters, Lindsay (2005). *Enemies of Promise: Publishing, Perishing, and the Eclipse of Scholarship* (Chicago: Prickly Paradigm Press).

伍／附錄

標點符號閑談

標點符號是個矛盾的現象；古典中文作者寫文章往往不標句讀符號，句讀是讀者的事，因此讀書人不得不下工夫去研究句讀。《禮記・學記》裏頭就有這麼一句：「比年入學，中年考校，一年，視離經辨志。」孔穎達說：「離經，謂離析經理，使章句斷絕也。」可見句讀訓練並不是雕蟲小技。句讀與標點之間，有同異之處（文言文用虛詞、語氣詞、押韻、對仗來幫助斷句，句讀也只用兩種符號；白話文用的新式標點符號，樣式繁複多了）。

英文的標點符號呢，我們知道寫英文的人思路受語法規範，寫出來的東西「較」嚴謹清晰；但是英文法律文件上的章句，卻以少用標點符號為妙，因為標點一多，增加歧義的機會也多。我們說標點能使文章結構更嚴謹、語氣更準確、眉目更清楚，其實也只是一般的說法。

英文常用標點符號有十幾種(, . ; : ' - ! ? ( ) " " [ ] － / …)，新式中文標點也差不多，只是沒有所有格號、簡縮號（如"John's"或"it's"）與連字號，方括弧比較少用，但有英文沒有的頓號、書名號（英文用斜體），省略號（虛點）用較多點，句號的點法也不同。有些人寫中文文章下筆只用兩個標點符號（，。），真不可思議，結果自然滿篇令人費解的句子。

中文標點符號是標號與點號的合稱。標號指引號、括號、破折號、省略／刪節號、專名號、偏名號、書名號，用來表示引用、注釋、省略、人名、地名、篇名、書名、影片名等；點號指逗號、句號、頓號、分號、冒號、問號、驚嘆號，用來表示語氣與停頓。

本文無意逐一列出標點符號，舉例說明其用法，因為坊間自可找到一些這方面的書（比較著名的是楊遠的《標點符號研究》〔香港：經緯圖書社，1965〕）。這裏只提一些應該注意的小地方，供大家參考。

思果的一九七二年出版的《翻譯研究》（香港：友聯出版社）有一章專談標點符號。他說英文逗號用得比中文少，他的意思其實是：「中文譯文的逗點比英文多，但不可太多。」後半句才是重點所在。逗號用途最多（有十多種），通常是表示句子中間停頓，但是有這種功能的標點符號還有頓號、分號和冒號，不可能處處都點上逗號。這幾個符號的區別，可以用思果以下的說法來辨明：

「．」（或「。」）頓得最長，假定是全休止符 𝅘

「：」頓得短些，假定是 $\frac{1}{2}$ 休止符 ♩

「；」頓得又短些，假定是 $\frac{1}{4}$ 休止符 ♩

「，」頓得更短，假定是 $\frac{1}{8}$ 休止符♪

「、」頓得又更短，假定是 $\frac{1}{16}$ 休止符♫

我們說話停頓有久暫之分，下筆作文也當如是。

　　英文的逗號與破折號不可以一齊用。用了逗號，就不可連用破折號；用破折號，就不可緊接逗號（用冒號時也一樣，不要同時用破折號）。中文其實不用破折號也無妨。

　　逗號跟引號連用時放不放在引號之內，就要看運用的情境了。如果是說話的句子，逗號自然放在引號內。例如：

　　「那是在很久以前，是的，」她結結巴巴地
　　說，「我當時是個傻丫頭……。」

然而行文涉及引語時，逗號就要放在引號之外了。例如：

　　歐茨後期的小說，著重於「反映現實世界的
　　複雜性」，內容比較雜亂，描寫手法也更為新
　　穎。
　　由於我不會說「不行」，我就一切都答應下
　　來。

　　有些人喜歡用“”作中文引號，也不一定就不好。嚴復早就這樣用了。可是這個西式引號自有麻煩之處。英文引號本來就沒規範，英國人的用法跟美國人也不

太一樣。基本上美式英文引號跟其他標點符號的關係是這樣的：逗號和句號放在引號內（不過，學術論文引文句末若有標示出處的括號，則逗號或句號就會在括號外），冒號和分號通常會放在引號外；問號和嘆號就不一定了，例如：Who is the author of the short story, "Curfew Shall Not Ring Tonight"?

中文的句號不是「·」，而是小圈圈「。」，可是現在也有人用「·」來代替「。」了，那並不足為訓。「·」自有他的用法，例如，點在要強調的字或字群底下或右邊，或用在翻譯洋人的名與姓之間。不過也有人反對譯名之間加點，因為像「蘇菲亞羅蘭」、「阿倫狄龍」這樣的名字，沒有加點也不會讀錯；而西班牙語系之類的人名恐怕得家很多點，看起來未免喧賓奪主。這說法似是而非，不過還沒有人研究出完善的洋人名標示法來。香港小說家西西的《鬍子有臉》裏就有這麼一句話：

> 我的一位朋友認為：在米蘭和昆德拉之間，不應該用上黑點子的標點符號。至於該怎麼樣讓別人分清楚哪一個是名哪一個是姓的方法，我的朋友正在研究。

英文沒有篇名號與書名號的問題，印刷品中的篇名加引號，書名用斜體，已成規格，雖然有些報刊也用引號來表示書名。中文傳統書名號用波浪線型的波紋號，有一陣子則五花八門，各行其是（非）（我曾在《新書月刊》發表過一篇〈一個標示符號的問題〉談過這個問題）。現在的用法是：篇名號用〈 〉，書名號用《 》（書名篇章名連用時，可在書名號中間加星點，例如《莊子・大宗師》）。後來《明報月刊》也這樣做了，可見是比較能令人接受的標示法。現在也是臺灣教育部的規範用法。

省略號或刪節號英文只用三個點，中文則用六個（佔兩個字位），有些人甚至用上九個點，那就有點多了。

處理印刷品中的標點符號也有一些小規矩。例如：標點不要排在一行字的首位；有時因為技術問題實在無法克服也就罷了，但是千萬不該把段落句尾的標點符號孤零零地擺在行首，那可是「兵家大忌」。

要正確使用標點符號，跟想寫好文章一樣，多析讀佳作不失為良好的學習途徑，也可讀讀像思果這樣關心語文現象的人談標點符號的文章。

* 這是許多年前的舊文，因非學術論述，引文書目就省略了。若干例句也因年代久遠而忘了出處，特此說明。原文刊於《蕉風月刊》no.396 (Oct. 1986):16-17。

一個標點符號的形成

　　這篇雜文寫於一九八五年夏天，彼時的臺灣的文學與文化環境自有其歷史脈絡。原本想修訂文中不合時宜之處，以跟上篇附錄舊文合讀，然而文中舊典太多，改不勝改，不如就原汁原味重刊（包括保留跟現在用法不同的篇名號，僅略修若干文句），另加注釋，也算是那個告別的年代的留影，或紀念。原文刊在周浩正主編的《新書月刊》第二十四期（[Sept. 1985]: 12-13)，也是該刊的最後一期。二〇〇八年中華民國教育部《重訂標點符號手冊》　明列乙式書名號後，書名號的問題大概已沒甚麼討論的必要了。這裏重刊這篇舊文僅旨在見證一個標點符號的形成。

一個標示符號的問題

　　影評人李幼新[1]在《電影欣賞》第三卷第三期的「關於電影的二、三事」專欄裏，寫了一則題為「期

---

1. 李幼新後來改名「李幼鸚鵡鵪鶉」，當年《電影欣賞》為電影圖書館會員刊物，「關於電影的二、三事」多談影人影事，可讀性高。

待一種標示中文片名的特殊符號」的短文,指出目前中文電影片名的標示符號百花齊放,「 」、『 』、【 】都有人用,他希望大家來「共同討論、擬定一種統一的格式」。

事實上,這個電影片名的標示問題,也是書名、篇名、甚至唱片名、歌名的標示問題,可是一直沒有人來認真討論。我們沒有類似 MLA(美國現代語文學會)這樣的機構擬定撰述中文學術文章的統一格式,多年來大家都沿用各自的系統,於是大處大同小異,小處就五花八門了;別的不說,一個小小的注釋符號至少就有 1、②、(3)、〔4〕、【5】、六、(七)、【八】、〔九〕、註十、註⑪、註 12、(註十三)、〔註⑭〕十四種之多。當然,歐美的符號標示法也沒有絕對統一,MLA 也不時修訂他們推行的論文撰述格式(臺北坊間除了早期的 *MLA Style Sheet* 外,還可以找到一九七七年初版及一九八四年二版的 *MLA Handbook*[2])。可是歐美書刊文章的書名、篇名標示法,始終一目了然:用印刷體排印的文章,提到書名時用斜體,篇名則用西式引號" "(普通英文打字機沒法打斜體字,就在書名底下加一直線[3]);反之,整篇都是用斜體排

---

2. 那些年三○一條款尚未通過,坊間所見多為翻印本。
3. 時至今日,英文打字機早已成為古董,電腦打字當然沒有這個問題了。

印的文章，引用書名時就用印刷體。有些國家（如法國）則使用《》，甚至還有用》《的；這個符號下面再談。而電影片名，大多數用斜體（因為大部分書刊都用印刷字體排版），其他少數標示法請參閱李幼新的那篇短文。

　　中文的這類標示符號，多年來（甚至可以說自從五四諸先賢引進這些西式標點符號以來）都亂用一通，奇怪的是倒也相安無事，跟臺北的混亂的交通系統一樣是個不大不小的奇蹟。[4] 中文早期用曲線~~~~~來標示書名，現在除了應用文書籍，或某些地方（如馬來西亞）的中文課本外，恐怕已沒有人用了。沒有了這麼一個特殊符號，讀者實在無從得知，例如，漢姆雷特與「漢姆雷特」，哪個是指丹麥王子，哪個是指莎士比亞的悲劇劇目，或某位詩人的詩題；又例如，羅馬、「羅馬」、費里尼的羅馬、費里尼的「羅馬」、「費里尼的羅馬」之間，到底誰是馬凉誰是馮京。可見僅僅用引號是不夠的。

　　因此，我在出版社任職時，就從自己編的刊物做起：書名、雜誌名、報紙名、唱片名、電影名、畫名一律用雙引號『』，篇名、歌名則用單引號「」。不過我並沒有呼籲大家也這樣標示，因為曉得「」與『』的傳統用法的人，就知道僅用引號還是有不方便的時

---

4. 那是還沒有臺北捷運的年代。

候（如文中又有引文而引文內又有電影片名、書名、篇名，再加上又是對話……），所以後來我到大學念書，編系內的校園刊物時，就斗膽用了《》來標示所有的書名與電影片名，篇名仍然用「」，有一度想用〔〕或〈〉來標篇名，可是還是覺得不太好，反正《》與「」各自為政之後，文章看起來眉清目秀多了，引起混淆的情形較少，就作罷了。

　　當然，說沒有人重視這個雖小實大的問題，是不公平的。起碼在臺北就有幾個不同的系統在努力建立自己的格式。如聯經系統出版的叢書，就採用〔〕來標示書名，後來《故宮文物》月刊也用了。我個人認為〔〕或「」一樣，有它原來的標示功能（〔〕通常跟【】一樣，多做「編按」或「編者補遺」等用），用來標示書名，恐怕還是難免混淆。

　　中央研究院美國文化研究所出版的學術刊物《美國研究》也有他們的系統，[5] 而且這份刊物內印有「撰稿凡例」，聲明他們的注釋格式的依據，並請投稿人參考該刊近期的論文格式，是十分值得稱許的學術作風。他們用黑體字來標示中文書名（等於是英文用斜體字標示書名），頗為醒目。曾任該刊主編的朱炎自己的《美國文學評論集》（臺北：聯經出版公

---

5. 美國文化研究所於一九九一年夏天改名為「歐美研究所」，《美國研究》季刊也改稱《歐美研究》了。

司，1976）一書中提及的書名，也都是用黑體字排印。這個系統值得推行，可是不知一般印刷廠是否願意配合，尤其是中文打字，不同的字體要用另外的字盤，或者由美工另外貼字，麻煩之處著實不少。[6]

　　臺灣大學外文系的《中外文學》月刊本身並沒有統一的書名標示格式，[7]不過有一陣子他們的一些文章或注釋提到《中外文學》時，卻用了該刊刊頭題字，效果十分醒目。問題是如果有文章提到別的刊物，如《聯合文學》或《創世紀》詩刊，是否也要用這些刊物的刊頭題字呢？

　　這個標示符號的問題，恐怕寫影評、書評，編書目或寫學術論文的人遇到的機會大些，一般讀者或許也曾經注意到，或感到不方便，可是不大會去追究。他們可以不計較，可是搞「書評書目」的人卻有責任去劃清楚河漢界。當年《書評書目》沒做，今天的《新書月刊》是否該負起這個責任呢？[8]還有，發表李幼

---

6. 這是平版印刷時代的問題。
7. 《中外文學》月刊於二〇〇七年起改為季刊。
8. 《新書月刊》於一九八三年十月創刊，一九八五年九月停刊。多年以後，月刊主編周浩正有文回憶這本刊物的創辦與停刊始末，詳周浩正，〈《新書月刊》與我〉，*Image, Poem & Music, Part I,* ® 2005，13 May 2012 (http://mypaper.pchome.com.tw/joehauz_mypaper/post/13229 53385)。「今天」當然不是「今天」。

新短文的《電影欣賞》雙月刊,為電影圖書館機關刊物,[9] 他們是否也應促進這點「電影小學術」呢?

李幼新文中沒提到,而我上文提到的《》,在中國大陸、香港及海外部分書報刊物,是書名的標示符號。他們用橫排的機會大些,而且同時用西式的" "當篇名(這是我反對的篇名標法)。國內有些出版物也用《》的標示符號,不過標示對象並沒有統一。這個符號,三十年代就有人用過,也是前人所引進的西式標示符號中,唯一目前還沒有其他確切功能的,因此愚以為大家在為書名、電影片名尋找一個適當且方便的標示符號時,不妨把它列為參考。

後記:本文草成後,偶翻新上市的《新書月刊》第二十三期,讀及葉瑜珍的「『標點符號』應該重新整理了」一文,喜見已有更多人關心這個標示符號的問題,乃把拙文投給《新書月刊》,做為回響。

---

9. 電影圖書館成立於一九七八年,後來先後易名為電影資料館(一九八九年)與國家電影資料館(一九九一年),二〇一四年轉型為國家電影中心。

後 語

這本小書是我擔任學術期刊編輯多年的副產品。書名其實也可以題作《關於編輯的芝麻綠豆》；許多年前的確做過這樣一篇小文。編《中山人文學報》時擬了幾條撰稿凡例，給投稿人與協助編務的人參考，其中所說的話多是那些芝麻綠豆的重複，可見編輯之道無他，尊重行規、遵守規範、注意文字禮貌（董橋有文題曰〈鍛句鍊字是禮貌〉）、多做校讎工作而已，其他都是個人品味與風格的體現了。一篇文章或一本書告成，裏頭自有人文美學的成分。

然而這本小書也不是一個人的聖經。多年來參與我執編的刊物與叢書，或離散／現代性研究計劃的助理甚多，從早年的郭如蘋、黃偉婷、湯韻筑，到近年的熊婷惠、劉芳礽、葉倩廷，以及最近一年來在人文研究中心上班的李蕙君、施乃安、謝沛瑩、許雁慈，她們的工作，除了報賬之外，很多時候都是在處理書刊版面調整、格式校正、查核原書等芝麻綠豆蒜皮般瑣碎小事，也歷經書目體例的沿革，對這本小書裏頭主張的格式樣貌，作出了或大或小的貢獻，當然也費去了許多追不回來的時光，只能在此一併致謝。最後要謝謝馬尼尼為提供插圖，這些趣味盎然的小圖為這本小書添加了 CP 值。

——二〇一八年八月廿四日，時天暴雨，記於左營

國家圖書館出版品預行編目(CIP)資料

《中山人文學報》論文格式小冊/
張錦忠編撰.—初版.—高雄市:
中山大學人文研究中心. 2018.09
面:　　公分.
ISBN 978-986-05-6508-9(平裝)

1.論文寫作方法

811.4　　　　　　　　　　　107013591